오동꽃 피기 전

김형미 시집

시인동네 시인선 054

김형미 시집

오동꽃 피기 전

시인동네

시인의 말

봄 속에 든

사람 속도 깊고

사람 속에 든

꽃도 깊다.

2016년 3월

차례

제2부

제3부

제4부

제1부

새

결코 뒤돌아보는 법이 없다

날아와 유리창에 머리를 부딪고 죽을지언정

옛살라비*

공동묘지 하나 지나야 갈 수 있는 마을
간혹 냉잇국 끓는 소리 내며 기차 지나가고
입맛 없는 봄철 들판 위
가지런히 놓인 쇠젓가락 같은 철길
노루지** 가지 끝에 복사꽃 피었다
왱왱거리며 왕왕거리며
복사꽃 속 무수히 들락거리는,
꽃잎보다 아련한 시절들
당도하기도 전 이렇게 설레는 건
봄 처녀 마음인가 지금도 기다리고 있을지 모를
뒷집에서의 한때 정열 때문인가
무언가 허전한 마음으로는
결코 들어 올리지 못할 그 철길로
수줍게 웃던 그이 턱 아래로 해 저물던, 아득한 곳 향해
지금 나는 달린다 내달리고 있다
몇 집은 이미 후적후적 속을 헹궈
외로운 마음들끼리 홑겹의 속잎 번갈아 틔워내고
꼭 그만큼씩의 꽃그늘 드리운 노루지

노을 깃들면, 온통 밥 타는 냄새 진동하는
노루지의 하늘 바람 불 때마다
작은 꽃 속에서 밥상 차리는 소리 들려와
왱왱거리는 시절들 불러다 밥을 먹인다

공동묘지 하나 지나야 갈 수 있는
무덤 속보다 먼 마을
누가 저 밥불 좀 줄여줘

---

* 옛살라비: '고향'의 순우리말.
** 노루지: 전북 부안군 부안읍 하서면 노곡리를 일컬음.

등꽃

초여름 저녁, 등꽃 향기 밀려온다

아아, 배고픈 욕정이여

퇴근길이면 술집으로 향한다 안주도 없이
술로 채워지는 위를 생각하기엔 나는 아직 젊다
이미 오래전부터 칫솔질을 할 때마다 구토가 일었으나
따지고 보면 고통이 나를 치유하고 있다
묵직하게 젖어오는 아랫도리
아릿한 아픔으로 부풀어 오르는 유두
담배 한 대로 삭히기엔 무척 오랫동안 굴풋했다
빈방에 누워 자위를 즐기는 일만큼 가슴 허한 일 또 있으랴
이불이 마른 땀으로 축축해질 때쯤
세계가 내 안에서 밑동째 뽑혀져 나가는 두려움
그러나 두려움을 이기는 것이 욕정이라면
내 그리움은 절망인가
절망인가, 술집의 객들은 서서히 비워지고
출구 쪽으로부터 등꽃 향기 밀려와 다시 자리를 채운다

사아랑은 나의 행복 사아랑은 나의 운명
천박하지 않을 만큼만 젓가락 장단 맞추는 능꽃 향기
발끝이 박자를 놓치지 않으려고 애쓰는 동안
나는 빈 잔을 채운다 결국
세상의 낭떠러지는 매일같이 마주 대하는 술잔 속일지도
살고 싶은 욕망으로 끝내 귀가하고 마는,

잔인한 초여름 저녁
능꽃 향기에 젖어 젖어

오동꽃 피기 전

오동나무 가지 위 싸늘해진 몸을 뉘기 위해
태양이 크고 불편한 둥지를 트는 시간

(어머니는 말이 없다)

파고다 공원에서 한 연인을 보았지
여자는 오동잎 같은 발자국을 남긴 채
먼저 돌아서서 가고
남자는 제 몸만큼 앙상한 벤치에 앉아 담배를 피운다
어떤 시련도 와라 우리는 너무도 젊다
낡은 테이프를 파는, 리어카에서 흘러나오는 건 차라리 절규

(어머니는 괜찮다 했다)

무엇 하나 침묵하지 않는 저 무심한 풍경 속
몸 안을 가득 채우는 담배 연기로
속 빈 오동나무가 되는 줄 모르고
남자들이 담배를 많이 피우는 건

더 외롭기 때문이다 폐가 다 썩어문드러질 때까지
속 깊이 세상을 빨아들이기 때문이다
곧 죽을 것처럼 걸어가는 저 여자
뒤에 겨울 파고다 공원을 통째로
가슴에 집어넣은 남자가 뎅그러니 남아 있다

(어머니는 괜찮다, 괜찮다 했다)

우리들 가슴은 뜨겁다고 리어카는 노래하지만
술을 먹고, 섹스를 마시고, 시를 토악질해도
세상 모든 연인들은 집에 돌아가서
이불을 머리끝까지 뒤집어쓴 채 찬 겨울바람 소리를 들으리라
그럼에도 여자들이 남자들보다 외로움을 덜 타는 건,
죽어서도 심장이 뛰는 소리 들으며 묻힐 수 있는
두 개의 젖가슴이 있기 때문이다
오동꽃 피기 전, 그렇게 한 연인이 서둘러 어두워졌다

(오동나무 가지 위 태양을 헐어내시는 어머니)

낙마(落馬) 메시지

더 싱싱한 연애를 위해
식솔들을 다 떠나보낸 겨울나무
중심에 굵은 수맥이 흐르고 있다
어느 쪽으로 머리를 두고 누워도 온몸이 욱신거렸으나
치열하게 살아 있기 위해선
무언가 한 가지쯤은 단단히 붙들고 있어야 했다
여전히 두근두근 숨 쉬고 있는
옆구리를 뚫고 지나간 애벌레의 두근거림
처음 여자를 알았을 때처럼
전신을 관통하는 듯한 전율이 나를 마지막 잎새로 남겨두었다
있는 힘 다해 푸르렀던 한때
바람이 귓불을 간질일 때면
우주 전체가 내 안에서,
눈부신 황금나비의 날갯짓으로
서로 짝을 맞춰 치달아 오르던, 한때는
어떤 애인도 부럽지 않았다
따지고 보면 맨 처음부터 내 몸속에도

불길한 전운이 감도는 수맥이 흐르고 있었던 것인데
고통의 밑바닥을 애써 들여다보려 하지 않았을 뿐
이제 제 뿌리가 가늠할 수 있는 곳까지만
가지를 뻗는 겨울나무를
더 이상 붙잡고 있을 수만은 없었다
행복했다
손을 놔버리는 그 순간이

다시 시작한다고 해서 모두가 새싹이 돋는 건 아니다

봄밤

1

공복에 찾아오는 그리움은
애 밴 처녀 입덧처럼 곤혹스럽다
잇몸 시리도록 찬물 들이키며
입을 틀어막아도 계속되는 헛구역질
신 석류꽃은 아직 피지 않았고
자궁을 들어내면 그립지 않을까

2

인간이 도무지 숨길 수 없는 것은
사랑과 재채기, 두 가지가 있어
우리는 자주 그 예기치 않은 격정에 휘말리곤 한다
스무 살, 그때까지 젖살 남아 있는 내 가슴속으로
내소사 입구 전나무 길처럼
짱짱하게 뻗어 있던 사내 하나 있어
귓가에 고이 멎는 그의 숨결에도
나는 발 빠르게 뛰놀던 심장 옆으로 비켜서곤 했다
내 배꼽에 고인 물웅덩이 곧잘 받아 마시곤 하던

그 사내 축축한 눈 속에는
꼭꼭 숨어서 훔쳐보고 싶은 것이 있었다
늘 가시같이 단단한 그늘 드리운 심연 깊숙한 곳
그 물에 빠져 죽은 사람이 몇천 년이고 잠겨 있다가
꼭 한 사람은 데려갈 것 같은,
그래서 더 추웠을 봄밤이었지만
녹차 물 우리듯 우려내고 싶은 그 무엇이 있었다
어린 무순을 씹었을 때처럼
콧등이 시큰하게 아려오는 그런 사람이
그 옛날 내게 있어

죽은 사람

무덤 속에서 그는 술을 마시기 시작했다
둥근 탁자를 사이에 두고 책상다리를 하고 앉아
산 사람처럼 노가리를 찢었다
너무 오랫동안 죽어 있었군, 그가 나직이 내뱉자
컴컴한 무덤 안이 순간적으로 시끄러워졌다
깜짝 놀라 주위를 두리번거려보았지만
건전지 떨어져가는 초침이 틱틱거릴 뿐
확대된 동공 안으로 잡혀 들어오는 건 아무것도 없었다
햇빛 한 오라기 들어오는 것을 용서하지 않을 것 같은 문은
굳게 입을 다물고 있었다 저 입을 벌리고 감히 나갈 수 없었다!
진짜 두려운 것은 자신이 살아 있을지도 모른다는 것,
살아서 무덤 안에 갇혀 지낸다는 것은 얼마나 끔찍한 일인가
아니 그보다 무덤 밖에 세상을 가두는 일이
얼마나 끔찍한 일인 줄 그는 알고 있었다
술잔을 들다 말고
허여멀겋게 색 잃은 손가락을 잠시 노려보았다
술잔을 잡을 힘으로 삶을 거머쥐었던 적이 단 한 번이라도

있었던가

그의 가는 입술이 자조하듯 웃었다
반으로 갈린 노가리가 뼈를 드러내고 따라 웃었다
아침저녁으로 맨손체조를 해도
아래로 쏠리는 뱃살이 그를 더욱 못 견디게 만들었다
노가리처럼 반으로 갈라 창자를 드러내고
안주 삼아 오독오독 씹어 먹어버렸으면

어둠이 고장 난 지퍼처럼 벌어지자
가둬놓았던 세상이 쏟아져 들어왔다
그는 서둘러 외출 준비를 했다
마치 산 사람처럼,

못은 나무의 역사를 만든다

못의 머리는 크고, 죽음 속처럼 둥글다
세상의 한 끝을 물고 나무 깊숙이 들어가는 못
묵은 나무의 결을 따라
천년만년 살 수 있으리라, 다짐하며
몸속 깊이 수분을 빨아올린다
나무의 숨결을 느끼며 나무가 될 수 있을 때까지
얇은 날개를 몸속에 감추고
왱왱거리는 못
세상과 나무 사이에 낀 삶이 헐거워지면
온전하게 아문 적 없는 틈을 위하여
스스로 침을 놓아 안락사하기도 한다
비로소 나무의 향을 지니게 되었을 때는
이미 녹슬어버린 못
내가 뽑으려 하니 머리통을 끊어내 버리고
완강하게 나무속에 숨는다
못이 붙들고 있던 손아귀의 힘이 빠지자
와르르 무너지는 나무의 역사
죽어서도 부패한 몸의 냄새를

제 안에 단단히 끌어안고 있다
못의 머리는 크고, 죽음 속처럼 아늑하다

능소화

더 터뜨릴 게 남아 있다는 듯
그는 노래한다네 그때도
수염 까칠한 노래에 기대어 능소화는 피고
꽃잎 짙은 둥근 여름 속으로
가버린 건 세월일 뿐
저녁 어스름과 같이 그리움은 남아 있다네
미치도록 헛헛해져서야
끝내 나를 떠나는 것이 사랑이어서
어깨 구부정한 노래 뒤에서
홀로 쓸쓸해지던 그때도,
목숨처럼 능소화는 피었다가
산으로 강으로
인간이 당도할 수밖에 없는 모든 길 끝으로
울먹,
　울먹,
울먹,
떨어져 내린다네
한 생애에서 다음 생애로 해가 지듯이

선운사 동백숲

선운사 절문 앞에 늦도록 앉아 있었네
꽃들은 모두 한 곳을 바라다보고 있었네
죽음이 이미 와 있는 방문 앞보다
더 깊고 짙은 어딘가를 향하고 있는 꽃들
동백을 홀로 바라본다는 일은,
큰 산 하나 허물어져 내릴 만큼 고독한 일
어쩌면 기억도 아득한 전생에서부터
늑골 웅숭깊도록 나는 외로웠네
꽃핀 숲보다 숲 그늘이 더 커 외로웠네
하여 봄볕에 흰 낯을 그을리며 나는
선운사 절문 앞에 한 오백 년 죽은 듯이 앉아
동백이 피고 지는 소리를 다 듣고 말았네
큰일 치룬 뒤의 동백숲이
어떻게 마음을 정리하는지를 다 알고 말았네
이제 붉은 피가 돌았던 내 청춘은
이끼 낀 돌담 속에나 묻어둘 테지만
고난이 더할수록 가슴은 설레어
선운사 동백숲에 작은 위안이 지나가네

붉은 넝쿨장미

여름으로 가는 길목 어딘가
새들이 풀빛보다 짙은 울음 우는
이른 저녁 모서리에 기대어
잠깐, 풍선껌을 씹고 있는 소녀와 마주친다
다리를 외로 꼬고 서 있는 불량기
어쩐지 까마득한 슬픔이 배어 있어
누구나 한번쯤은 다시 돌아보았을,
돌아와 구겨진 치마 말기를 펴주고 싶은 소녀여!
우린 너무 치열하게 살았다
나무들의 큰 키를 넘어가는 태양처럼
쉬이 몸이 식지 않는 법을 배워
사랑하면서, 죽을 수 있길 갈망했다
균열 시작된 내 청춘의 헐한 담벼락 따라
여전히 풍선껌을 불고 있는 소녀
여름으로 가는 길목을 지키고 서서
내 기억을 샅샅이 뒤지는,
나는 마음을 다 빼앗겨도 좋으리
생각나느냐, 소녀여

마파람이 네 머리카락을 흩트려놓을 때면
그리운 네 쪽으로 송이송이 무너지며
떠안길 듯
떠안길 듯
흔들렸던 나를

자귀화 필 때

살아 있기 때문에
밤마다 통증은 찾아온다

아흐, 몹쓸 사랑이여

그대가 나를 버린 것보다
내가 나를 잃은 슬픔이
이 세계 끝 마지막 집에 저녁내 불을 켜두어
한 생의 낮이 더 캄캄하니 야위어가는 밤
그대의 널찍한 등만큼이나
살다 보면 두 팔로 다 안을 수 없는 것이 있다
자귀화 만발한 이 밤도 그러하지만
이 밤의 어둡고 긴 골목길 끝
동그랗게 내버려진 내 사랑 또한 그렇게 외롭다
죽음에 이르는 병이라 했던가
때로 일정한 거리가 그리움을 유지하는 것,
처럼 세월 속에 같은 간격으로 서 있는
이 지독한 외로움 제 목숨을 끊듯

끝내 자귀나무 가지 하나를 끊어놓아
가슴 텅텅 울리도록 나는 속병이 들었지만

내 병은 내가 안다
아흐, 몹쓸 사람이여

프리지어를 든 남자

크고 황폐한 내부 속에 길을 감춘 건물들
사이에 사내 하나 서 있다
작은 미동도 없이 프리지어 한 다발 가슴에 품은 채
귀가 어긋난 보도블록처럼 튕겨져 나온 사내
건물들이 흘깃거리며 내려다본다
사람들이 사내의 어깨를 스치며 지나간다
사내는 서서히 신호등이 되어간다
그 자리에 그대로 보도블록 사이 발을 묻고
프리지어꽃을 피워낸 나무가 된다
이제 사람들은 크고 황폐한 내부가 되어버린
사내를 의식하지 않는다
지구가 만들어지기 이전부터 사내는, 그곳에 서 있었던 것이다
사내를 중심으로 지구가 생기고
역사가 맥을 잇고
나와 길과 건물들이 태어나서
건물들이 길을 가두듯 사내를 가두었는지도
사내가 갈 길을 가지 않는 것이 아니라

길이 사내의 몸속을 뚫고 지나가지 못하는 것이다
파란 신호등 켜진 사내의 몸속을
세상은 두 팔 휘두르며 건너갈 수 있을까
노란 차선처럼 다문 입술에서
일순간 먼지 먹은 바람이 새어나왔을 뿐
말 없는 사내 머리 위로
새가 날아갔다 세월이 흘러갔다
눈 속에서 꽃대 올라온 프리지어가 쇠었다
사내는 문득 듣는다,
늙은 봄이 가쟁이 벌리고 벼룩 잡는 소리

잠 안 오는 밤에 쓴 시

알 수 없는 기운이 나를 지나간다
가끔은 죽은 사람이
산 사람을 깨우기도 하는 이 집
깊은 데서 흐르는 피가 나를 깨운다
아무리 버려도 버려지지 않는
질긴 목숨 같은 거,
시 같은 거,
그리고
이 집 더 깊은 데서 보이는
헛것 같은 거, 헛것처럼
가파른 몸의 오른편에 내리는 어둠 같은 거,
천역(天疫)……, 고단하다……
그도 그럴 것이,

오늘 밤은 말할 수 없이 표독스러운 데가 있다

제2부

윤회

내 안을 가만히 응시하다가

결국은 제 갈 길로 가게 될

사람 하나를 발견하게 되었다

윤회하지 않기 위해

윤회하는 법을 아는 길로

동백

엊그제는 산에서 동박새를 보았답니다
배 밑이 적벽 색으로 붉은 것이
참선하기 좋아 달마대사도 찾아들었다는
서해안 적송 색을 하고 있더군요
동박새 따라 가슴걸음 하여보니
붉은 동백꽃이 동박새 배 밑 같은 밑을 열어
금방이라도 아이를 쏟아낼 것 같았지요
저 동박새가 아니었으면
동백꽃이 나를 보고 있는 줄도 몰랐답니다
나처럼 타는 갈증으로
차마 목 넘기기도 힘들어
산문을 내어다보는 붉은 눈이 있는 줄도 몰랐지요
동백꽃을 애써 잊어버리고
산을 나오려 했답니다 눈 속에서
붉은 심장이 숭어리숭어리 떨어져 내려도
무심한 세월을 살면 될 것 같았습니다
동백꽃도 나와 같아서
어서 늙어 산중이나 되어버리자고

푸른 속내 깊고 깊은 속에서
아예 나오지나 말아버리자고
동박새 붉은 배 밑만 쳐다보며
내 발자국 속을 나가려 했지요
꽃 지는 나무 아래 이마 내린 그늘도 있다고,

복수초

들을 수 없는 귀를 가진

저 꽃을 무어라 부를까요

말할 수 없는 입을 가진

저 마음을 무어라 부를까요

행여 한 번 돌아볼까 기다려 보아도

무연히 제 앞에 놓인 생만 보고 있는

저 눈 없는 눈을 무어라 부를까요

구석

먼지가 쌓이는 곳은 구석이란다

삼각으로 이루어진 저 작은 공간은

바람도 없고 눈비도 없단다

그저 고요히 작은 먼지들이 내려앉아

저들의 나라를 따스하게 품는 거지

눈에 잘 들지는 않지만

멈출 곳에 멈추어서

쉽고 간단한 이치를 알고 가는 저들은

밤마다 구석구석 저희들만의 이야기꽃을 남겨둔단다

처서비

처서 가기도 전인데
더위가 그치면 어쩌나

논벼 익기도 전인데
흰 이슬 내리면 어쩌나

그대를 보낸 건 내가 아닌 처서비랍니다 그대 보내고 나는 무척 아팠더랬지요 방 안에서 배운 어리석음이 방 밖에서 배운 어리석음보다 얼마나 더 어리석은지는 세월이 좀 더 흐른 연후 알 수 있을까요 방 안에서 배운 건 나를 질책하는 어리석음이고 방 밖에서 배운 건 너를 취하고자 하는 어리석음임을 이제 그대의 눈빛 애써 멀리 두려 한답니다 그 세월은 혼자 견뎌갈 테지요

날도 헐어놓으니 채편도 없이 장구 두드리는 소리를 내네요 이렇게 가고 가서 늙은 내 몸이 장구 가죽으로 앉히지나 않을까 벼이삭 팬 자리를 더듬어 보았답니다 나 가져서 해되는 것 지녀서 득 없는 것 그대 보내놓고 버릴 것 다 버려서

그 빈 몸 견디다가 다시 날이 되었으면 하는데요 처서비 다녀간 자리가 못내 쓰립디다 세월은 가도 가도 시절은 지금 그대로 젊으니 흰 구름이 지나가다 말고 나를 두고 벗이라 하네요

처서 가기도 전인데
더위가 그치면 어쩌나

논벼 익기도 전인데
흰 이슬 내리면 어쩌나

십일월

안개가 자욱한 길을

몇 번이고 헤매다 돌아왔다

너를 두고 돌아서는 마음이

내심 발밑에서 바스락거려

홀린 듯 이 세상에 없는 시간을 견디다 돌아왔다

너의 손가락은 약간씩 굽어 있었고

등은 작은 공간을 안고 있었지만

너를 가슴 뒤로 내려놓는 일이

아무래도 가늠이 안 되어

안개 자욱한 길에다 혼을 다아 빼주고

휘청휘청 빈 몸뚱이만 귀(鬼)가 되어 왔던 것이다

심향사

너는 어쩌자고 내게 드는 것이냐

네 어미가 남기고 간

작은 미륵불을 안고 와

내 집 처마 밑 가을 달빛으로 잠기어 드는가

잠시 잠깐 머물렀다 가는 어제의 꿈이

두고 나온 숱한 집들을 돌아

또 그렇게 미륵불로 서서 있는가

그래 너를 안고 큰 내를 건너려 하니

막힌 세상이 둥근 발등을 들어 올린다

그러는 사이 달은 가고

밤이슬만 차게 내리는 동안에도

너는 어쩌자고 어쩌자고 자꾸 품안으로 드는 것이냐

가야금

눈매가 오동꽃처럼 깊어져야

가야금이 울런가

오래 하늘을 이고 있었으나

내 노래는 울림이 없고

사랑은 가까이 있었으나

마음은 네모난 시집과 같아서

지금 율방엔 서운한 숨소리가 돈다

생과 사를 지나온 저 머언 눈이어야만

그래야만 가야금이 울런가

달개비

이제 막 머리를 들어올리기 시작한
달개비 마디 속에서 물소리가 들렸을까
무척이나 맑고 잔잔한 고요함이
잔가락도 없이 신비로움을 자아내던 것이
늪지에서 자라는 갈대 속에 든
얇은 청(淸)을 울리는 듯한 그 소리
배꼽 아래로 검지손가락 두 마디쯤 되는 곳
꺾어지는 마디에서 가지 나오고 잎이 나와
각기 제 소리를 하는 달개비 아홉 대궁에
가만히 입을 포개어보면,
어느 비 오고 바람 부는 하늘 속을
새파라니 길어 올리던 것이

청설모

아가야 청설모가
안 가는 나뭇가지 하나라도 있다더냐
잠시 내려와 마른 밤송이 뒤지는 녀석에게
땅콩 알갱이 흩뿌려주고 오자 하니
온 숲이 내게도 속속들이 가지 길을 내어주더구나
까치는 집을 짓고 기러기는 북쪽으로 날아가던
입춘 전날 절분일(節分日)이었단다
몇백 년 된 은행나무가
봄을 기다리고 있는 성황산 새로 난 산책길
고목 같은 살갗을 뚫고 새순 내밀게 될
늙어 순한 아기가 되어버린 마음을 보게도 되었단다
온몸으로 다가간 사람 하나 없이
지금껏 헛살았던 길 되짚으며
산바람 숨 깊이 들여 산이 주는 고요를 들었을 때
아가야 나의 가지 길이 비로소
사람 속으로 짱짱하게 뻗어나는 걸 알았단다
아무도 살지 않을 것 같은 가시 많은 덤불 속에도
아주 작은 새들이 살고 있는 모양을

호주머니 속에 넣어와 가만 열어보기도 했단다
그때서야 주린 정월을 채우고 간
청설모가 오르내린 나뭇가지마다
내가 살아야 할 길이 보이더구나
무자년 한 해가 나면서 시작된 입안 일 다 마무리 짓고 나면
아가야 그 나뭇가지 하나라도
내가 건너다녀야 할 숱한 세월이 깃들겠지

아쟁 소리

아가야 아쟁 소리를 내려거든
사월 속으로 걸어 들어가 보아라
깊은 산 배꼽에서 너 나고 할머니는 가는
묵직한 울음소리가 들린단다
아쟁을 켜는 건 손이 할 일이지만,
그 몸을 짚는 손이 섬세해야
묵직한 울음소리가 들린단다
현 사이사이 둔덕을 넘어온 굵다란 바람이
너더러 세상 속으로 가자 하면,
온몸의 감각을 열어
손이 몸마디를 마음으로 품어나갈 수 있도록
조곤한 말벗이나마 되어주어라 그러면
모든 악기들이 어우러져 하나의 소리를 낼 수 있는
율방이 배 안에 둥글게 자리 잡을 수 있지
그렇게 자꾸 소리를 다듬다 보면
가고 옴에 상관없이 사람들이 이슬방울처럼
풀잎에 맺혀 살고 있는 아침 길이 보인단다
모두가 너의 율방을 향해 모아지는 그 길이

비릿한 화개(華蓋)의 씨 맛을 담고 있으니,
다 알고 가라 내가 이 세상에 온 이유를
아가야 깊은 산 배꼽에서 너 나고 할머니는 가는
묵직한 울음소리, 그 소리 듣는 귀가 있다면
네 몸이 이미 아쟁이니라

포플러나무

다아 비워보기로 했다
곁에서 소란스러웠던 잎들을
조용히 네 곁에 묻어두고
보이지 않는 세계로 들어가기로 했다
격자무늬로 된 너의 시간은
한때 나를 살리는 빛이었지만
땅속에서 나를 치받쳐주는 힘이 없었던들
나의 세계는 진정한 상처를 갖지 못했을 것이다
아주 오래된 역사를 안고 들어가는 이 길이
또 한 번 나를 살리겠지만
그것은 너를 더 크게 살리기 위한
지극한 행방이므로
저어 먼 곳으로 가지를 두려 하는 것이다

국화

노오란 기장 밥알 같은 게

수북하게 올라 있는 게 보였어

점심을 굶고 가는 두억시니 같은 길에서

한번은 멈춰 서서 큰 숟가락으로 입에 넣고 싶은

저 환하게 배부른 꽃밥을 보았어

몽글몽글 짙은 향내가 혀 밑을 돌아

오늘 어머니와 함께 나누어 먹은 행복이

푸른 하늘 아래서 이루어졌다는 걸

오랜 시일을 두고 알알이 피어날 거야

밤 눈

캄캄한 밤

아무도 몰래 보았지

흰배나무 가지 위 내려앉는, 저 흰 것

찬밥처럼 가슴에 얹혀

한참을 떨며 서 있었지

사람도 마음에 얹히면

밤새 송이눈으로 내리지

빈 곳을 찾아 들어가 내려앉지

추위가 몸속으로 파고들기 전

조용히 문을 닫고 들어가 들었지

그러나 찬바람 소리여

그러나 가슴 치는 소리여

숟가락

사람이 나서 가장 큰 짐을 져야 한다면,

그건 제 입속으로 들어가는 숟가락 하나 가지는 일

제3부

청피리*

칠공을 열어 듣는 너의 숨소리,

어느 먼 나라의 이야기인가

---

*청피리: 피리 뒤 지공이 두 개인, 부안에서 청자로 만든 고려시대 피리.

발자국

나는 그때 눈 위를 걷고 있었지

같이 가자, 같이 가자, 같이 가자

깊은 명을 재촉하던 그 흰 발자국은

내 것이었을까

하루 한 끼 송홧가루를 떡으로 빚어먹던

네 큰 귀였을까 아니면

사는 일이 지독히 외로웠을

윤회하지 않는 길이었을까

문

나의 농현은 네 소리만큼이나 깊길 바라지

그것이 한 지붕을 엮어가는 정일 수만 있다면

오늘밤 드는 달그림자를 안고

비로소 한 몸으로 자리에 들고 싶지

겨울, 여덟 시발 기차 1

한 사람을 기다리면서
그날, 낮술에 취해 무너져 내리는 것을 보았다
신천 사거리 막막한 길 한쪽에 주저앉아
버드나무 잎을 무시로 떨구는 앙상한 내 어깨 위로
캄캄하게, 젖어드는 것을 보았다
얇은 가죽점퍼 유난히 춥게 걸치고
그 오므린 다리 좀 벌려봐, 시시껄렁한 건달같이
잎을 다 떨궈낸 뒤 텅 빈 사거리가 된 내 어깨
툭, 치고 지나가는 겨울
버림받기 싫은 모든 이들의 쓰디쓴 몸부림을 보았다
병뚜껑마냥 꽉 닫힌 내 눈 속
무서우리만치 온몸을 던지며 뛰어드는 저것들
얼핏, 등 뒤로 섬뜩한 소주 냄새가 풍겨왔는데
기다림만큼 질긴 집착이 없다는 걸 몸소 가르쳐주고 있었다
망설임을 모르던 열망들은
지금쯤 어느 곳으로 구구거리며 날아가 버렸는지
무심히 내려다본, 둥글게 접힌 내 무릎 속으로
또 그렇게 한 시절 무심히 저물어가는 걸 보았다

그때도 빌어먹을 미련은 남아
한 사람에게 온통 젖어버린 내게
가슴 따뜻한 네 오래비가 되어줄게, 주책없이 줄창 치근대는 거울
내 사랑 또한 저렇듯
뼈도 여물지 않은 불량스런 건들거림이었던가
최대한 치욕적으로 악다구니 쓰며
차라리 강간이라도 당하고 싶어졌다

겨울, 여덟 시발 기차 2

그대를 만나러 가는 길, 겨울비가
거친 숨 몰아쉬며 품안으로 파고들었네
상스럽지 않은 몸짓에 내 흰 피톨들이 돌아앉았지만
얼음을 꼭 끌어안은 컵처럼
세상에는 체온을 나눠가져도 따뜻해지지 않는 것이 있었네
턱이 딱딱 떨리는, 아픈 것이 있었네
간밤 잠 밖으로 내쳐졌던 악몽
거리의 붉은 나트륨 등 하나하나 꺼나가고
막 역을 떠난 아그네스 발차의 여덟 시발 기차
차창에 송송이 흘러내리는 내 불순한 검은 피
그대를 만나러 가는 길, 나는 깨달았네
내가 철저하게 외면했던 것들과
나는 얼마나 끔찍이도 닮아 있었는지를
젊었던 내 아비와, 아비의 시대가 버려두고 간 어미
육욕(肉慾)에 길들여진 창녀들의 어둑한 쪽방
그 쪽방을 빠져나가는 사내들의 어깨
처럼 곧 허물어질 것들만 미치도록 사랑했음을
그대에게 가면서

이제 내 명치에 방 한 칸 들여 녹녹해지고 싶었네
내가 기어이 당도할 때까지
전 존재로서, 시퍼렇게 눈뜨고 있을
아아, 몸서리쳐지게 살가운 그대여!
늘 관용을 베풀어왔던 내 청춘 속에서
여덟 시발 기차는 언제나 떠나고 있었네

국화

꼬박 열흘 동안 물을 주지 않았다

오래됨으로 인하여
죽음에 이르도록 위태하지는 않겠기에

목련

꽃이 지네
꽃이 져서 하늘이 되네
피는 꽃도 지는 꽃도
한 가지에 머물러 있는 건 내 눈이더라
이른 봄 물 풀리는 강을
함께 건너갈 친구 하나 못내 그리워
웅숭깊은 눈이더라 하루하루가 너무 멀어
정성으로 쌓아올린 돌탑 속에
스스로 들어가 누워 있는 동안
나를 돌며 탑돌이를 하는 사람도 많네
오고가지 못했어도 마음은 자주 왕래했었다는 걸
이 봄은 알까 머리맡 반닫이 위 칸
어둠하게 저무는 시간 너머로
하마 꽃이 지네 꽃이 져서 노래가 되네
필 때와 질 때의 모습이 저리도 다르다 여기는 건
다르게 보고자 하는 내 눈이 있어서가 아닐런가
친구 하나 못내 그리운 웅숭깊은 눈이 있어서가 아닐런가

여음(餘音)

여음이 생겼다
다른 음들을 꼼꼼히 둘러보고,
어느 기러기의 발이 아픈지
조심스럽게 손으로 만져 주기도 한다
아픈 기러기일수록 소리 속에 저를 놓아
깊어지는 법을 안다 두물머리 지나
사람 속을 고조곤히 건너다닐 줄도 안다
진양조에서 휘모리까지 한바탕을 살고 나면
그러모았던 숨을 내리며 오동나무 가지 위
일렬로 내려앉는 기러기들
동지에 이르러 가장 슬픈 소리를 내는
새의 울음을 팽팽하게 잡아당겨 주기도 하면서,
열 손가락은 노곤한 줄도 모르고
저녁 속에 가만 몸을 기댄다
울음을 너무 바짝 당겨도 기러기는 발이 꺾인다 그리고
기러기의 울음이 버거울 때
가야금은 저 스스로 줄을 놓아버리기도 한다
그 간격을 잘 조율하여

부들에 매어두었던 열두 줄 매듭을 풀어
기러기가 언제든 또 날아와 울다 갈 수 있게
오동꽃 피기 전 다시 한 해를 땅 위에 걸어둔다

기러기 날아가고
세워둔 가야금 속에서 스릉(Ω), 한 해가 돈다

터

바람을 만나면 막아주고
물을 만나면 모이는 곳은
숟가락이 꿈꾸기도 좋은 자리라 했던가
혼자 먹는 밥보다는 여럿이 먹는 밥이 맛있고
여럿이 둘러앉은 밥상에서
꼼지락 꼼지락 수많은 낮과 밤이
둘레를 넓혀 앉는 거라고
그러나,
화(和)와 화(禍)가 한 입에 들어 있어
나가기도 들어오기도 하는 것을 잘 간수해야 한다고
그러니 숟가락 너머 더 많은 숟가락들이
달그락달그락 잠을 안 자고 움직인다 하여
이 작은 숟가락 하나 들고
지금껏 넘어온 산을 서두르지는 말아야지
한 그릇 안에서 부딪는 숟가락 소리가 여럿이면
비워진 그릇 안에
숟가락 머리가 하나로 모아져
언제고 한번은 넘어본 깊은 산이 아름다운 이유가

그 빈 곳 있어서임을 알게 되리니

막쥔금

이승의 낮 시간에 비가 내렸어
양손에 막쥔금 쥐고 살아온
예순 너머 내 어머니
막걸리 한 사발 받아다 드리고 나니
마애불이 작은 더위를 선선히 식혀주었지
이제 이 긴 낮도 점차 짧아지리
어머니 오른손 약지 아래 수성구 자리
몇 날 며칠 속 든 말 풀어놓는 빗속으로
큰 더위 찾아들어 굽어진 손마디 안에서
이십팔수 별자리를 돌린다
한 생 습한 음지에서만 살아온 어머니
거나해지는 빗소리의 속내가
다시금 막쥔금 쥔 채 목 등에 얹혀
육십갑자 한 바퀴를 더 돌기 전
어서 어머니 입성에 야산이 되어드려야겠다고
산 위에 바람 귀를 열어두었어
그렇게 징검다리 건너듯
야물야물 작은 더위와 큰 더위를 넘어가다보면

마른 이마에 밤이 천자방처럼 닿게 되리
혹독하게 나를 살더라도
이제는 쉰 목에서
제대로 된 육자배기 한 자락 늙어 나오겠다고,
이승의 낮 시간에 비가 내렸지

차[茶]

차를 모르고 차를 마시니
차가 나를 마시지 않고
입가를 돌다 떠나곤 하대요

하루하루 절박한 부끄러움들
뭣 모르고 마신 다기 빈속에 담겨
무연히 나를 올려다보곤 하대요

차꽃이 피려면 아직도 먼 몸뚱이
차향을 알고 있는 마음이
연민을 담은 눈빛으로
저으기 내려다보곤 하대요

둥근 다기 속 찻물 위로
산이 거꾸로 비쳐들어
그 산 바라보고 앉아
신심 나누고자 하는 사람과 머리를 맞대니,
젊은 날 술 속에서 잊고 살았던 철을

차 속에서 찾게 된 게지요

이제는 다기 속에 띄운 꽃잎만큼만
덧없이 왔다 갔으면 좋으리라
생각이 들대요 그러면
그 고운 몸태 돋보이게 하는
다기가 향을 맞추어 주리라고,

망해사(望海寺)

내 어머니 뱃속에는
팔작지붕을 한 극락전이 있어요
바다를 보며 서서
끊임없이 들고 나는 인연의 문을 열어두고 계시지요
그 속에 들어 있을 때는
극락전 밖에 하늘이 있는 줄 몰랐어요
날개 드리워 내 입속에 먹이를 넣어줄 하늘 새의 혀가
무엇인 줄도 모르고 살았지요
세 성인 내려오시었다는 소식 전해져와
단걸음에 달려간 곳이었지요
어쩌면 내 전생 기억이었을까요
둥글게 솟은 작은 봉분 속에서
물결 소리 듣고 나는 해조음 들으며
내 눈두덩이마냥 사방에서 들이치는 바람
온몸으로 맞고 있는 나는
서해바다 그윽이 바라보는 작은 절이 되어 있었어요
다시 세상으로 나가기 위해 탯줄을 달고
그 속에서도 비 들이고 눈 들이며

바람 소리를 내고 있었던 게지요
바라를 든 비구니가 살풀이를 마치고 나서도
눈두덩이 높이 솟은 언덕에는 바람이 많아
관처럼 네모난 절 속까지 치대었지만
내 어머니 뱃속 팔작지붕을 한 극락전에
못 보던 우주의 배꼽 하나 생겨 있게 된 게지요

아이

1. 애기손

오므작거리는 손이
바람을 쥐고
놀러나가고 없다
애기손이라
귀여운 줄만 알았더니
그 안에
내가 있고 없음이 있다

2. 아이의 웃음

아이가 웃으면 입도 따라 웃는다 큰 소리로 소란을 떠는 건 아니지만 그 웃음 속에 아이의 웃음 눈이 있다 맞물린 이를 보이며 웃는 웃음은 입 안에서 나는 소동이 아닌 아이의 뱃속에 든 깊은 동굴에서 나오는 울림이다 그 울림이 아이의 이가 보여주고자 하는 초승달처럼 궁글려진 눈이고 종령기를 맞은 열매이다 산 하나 들었다 놓는 그 순한 웃음이 내 속

에도 있어 차마 세월 가는 줄 모르고 늙는다

3. 아이의 낮잠

아이가 자는 낮잠 속에서 나비가 날아오른다 수만 마리 나비가 아이의 밝은 이마 위를 맴돈다 잠든 아이의 배가 숨을 쉰다 그 잠든 얼굴 속에 천산(天山)이 크는 소리가 있다 오르락내리락 고르게 퍼지는 고요한 저 숨이 가슴을 치는 일 없게 머리 위 숨구멍 하나를 더 열어주어야겠다

안개

오래된 짐승의 털럭 냄새가 난다

달개비 2

능가산 신선대에서 살다 간 청학이었을까
봉래구곡 단혈에서 또 한참 머물렀다 간
오음으로 우는 맑은 퉁소였을까
퉁소 검은 구멍 속에서 나와 아리랑을 부르는
지금은 상투머리를 감추고 유기농을 하는 찬준이 아재였을까
보이지 않아도 우짖는 소리가 천지사방으로 퍼져나가
퉁소 타고 올라오는 물소리 따라
모든 새들이 다 같이 아리랑을 부르는 길(道)이었을까
인간에서 인간을 찾아 떠도는 푸른 넋이었을까
내 마음이 흩어지는 것과는 무관하고
구름이 흩어지는 것과는 더욱 일 없으니,
그리하여 푸른 산이 그 이름을 아끼는, 새였을까

내가 그린 그림

1.
내가 그린 그림은
처음부터 그리려고 해서 그린 게 아니다
손 따라 바람 따라 가다 보니
해가 되고
　　달이 되고
　　　　별이 되고
　　　　　　꽃이 되었다
그리고,
그 꽃 속에서 사람이 나왔다

2.
내가 그린 그림은
처음부터 순하게 웃는 사람이 있었다

제4부

한로(寒露)

시 속에서 지은 시(詩)만큼이나 말간

갈대 잎 높이의 목소리로 읊는 시(時)가 쓸쓸하다

혼자 있는 것들
―죽림정사에서

사람아, 외로워 마라

산이 외롭다고 하는 것 봤더냐

산은 하루 종일 있어도
제 그림자를 밟지 않고
달은 제 빛으로 세상을 안는다
혼자 있는 것들은 모두 저를 보게 한다
방안에 켜둔 촛불이 그렇고
거문고 소리가 그렇다
절집 서까래 밑을 따라 도는
나방이 또 그렇다 장독대 위로 휘늘어진
저 매화나무 향기는 남고 꽃잎은 졌다
아무도 찾아와주지 않는 가운데 그리 되었다
마음은 허공과 같아서
붙잡으려 하면 높거나 낮아지고
해와 달은 지나간 자국이 없다
사람아, 외로워 마라

맑은 낯을 한 사람을 만나면
그 기운이 하루를 살게 하고
좋은 낯을 한 산을 대하면
그 기운이 대를 이어 터를 다져주는 법
삼천대천세계에 달팽이집이 너무 많아서
지금 우리는 외로운 것이다

어디 멀리 외딴섬은 이 내 마음을 알리

첫눈

쓸어놓은 길 따라 네가 오고 있었다

둘러맨 목도리만큼이나 긴 길을

이쯤해서 너는 풀어놓고

있는 듯 없는 듯

겨울 한 절기만큼의 마디를 간추리는 소리를 했다

가난

갈수록 무서워지는 게 많아지는 건

몹시 부는 바람 때문인가,

탓을 해보았으나

가난은 내 몸에서 나오고

슬픔은 사람을 지극히 사랑하지 않은 데서 나오는 것이었다

어제는 오늘의 거울이니

오늘 서서 울지 않으면

내일 바람이 그치고 비가 와도

하늘이 척을 지고 돌아서는 것이었다

폭설

몇 날을 두고 폭설이 내렸다

흰 뱀에게 정강이를 물린 나는

집에 틀어박혀 노란 옻국물을 홀짝이면서

움직이지 않고 움직이는 시계와

밤이면서 낮인 달력을 두고 보며

하나의 고통을 관통하는 눈을 읽어나갔다

몇 날을 두고 흰 혼들이 지붕 위로 내려앉았고

더러는 방안으로 흩뿌려졌고

그들이 쓰던 숟가락을 땅속에서 파내어 밥을 먹었다

열두 인연법을 알지 못했기에

생은 노사(老死)와 슬픔 괴로움의 연이 되어

몇 날을 두고 폭설로 내렸다

동행

그림자가 생겼다 그림자는
나도 되고 너도 된다
내가 네가 되면
가만히 있어도 그림자가 생긴다
그림자는 나의 마음이다 내가 움직이면
그림자가 움직인다 그림자가 움직이면
나도 움직인다 나는
그림자와 같이 사는 그림자이다
그림자가 나하고 사는 것은,
그림자가 나를 자유롭게 따라다니도록
나의 마음이 배려해주기 때문이다
내가 말하면 "맞아" 맞장구를 치기도 하는 그림자
그림자가 말하고
내가 답변을 하기도 하는데, 그러다 보면
나와 그림자 중 누가 나이고
누가 그림자인지 구분하기 힘들어진다
나는 나의 마음이 그림자도 되고,
나도 된다는 것을 알아서

나가 되는 것이다 나는
나가 아니라 그림자의 나다 나는
그림자를 나라고 생각하지만,
그림자가 또 나라고 생각하는 배려에서
나가 된다 그림자는
나의 너도 되고, 나도 된다
나의 너도 나라고 생각하는 배려가 아니면
나가 되지 못한다 나의 나는
나가 아니라 그림자의 나다
죽어 땅 속에 묻힐 때도
나와 함께 기꺼이 흙이 되어주는 그림자
그림자와 나는 하나이면서 둘이고, 둘이면서 하나이다

당신의 손

개울 너머 붉은 개여뀌가 피었는데요

당신은 자꾸만 손이 시리다고,

시리다고 내 손을 꼬옥 잡아끌어서요

여뀌를 가리키던 동그마한 하루해가

물빛만큼 깊어지던 늦은 가을이었는데요

열을 쥐고 있어도 시린 건 내 손이었는지

당신의 손에서 따스한 훈김이 일어서요

나는 안고 있던 아홉을 버리고

크게 벌린 그 손 하나만 보기로 했답니다

개울 너머 개여뀌가 무서리로 붉어서는

때 없는 때의 사랑을 그렇게 피워보라는데요

산중에게 준 집

집 한 채 잘 지어서
산중에게 내어주었단다
산중이 집 마루 위에 올라 앉아 흙피리를 부니
주변으로 내려앉아 있던
물오리 열두 마리가 바닷소리를 끌어다 주더구나
바람 잘 드는 그 집 평상마루
배고파 찾아오는 넋들에게
그래 시원한 미숫가루 한 사발씩 내어주었지
열두 곡물로 갈아 만든 여름철 별미에
넋들이 쉬엄쉬엄 구지가를 부르다 가더구나
굳이 말하지 않아도
그 집 향 맡고 찾아오는 이가 있었지
윤오월 북두칠성 자루별 밟고 와
안부를 물어주더구나 나는 자꾸
산중이 눈에 밟힌다고
무상한 제비집터를 보여주었단다

바둑 두는 할아버지

따악따악, 바둑 두는 소리가 들렸지

손놀림에 여유가 깃든 것이
귀 문을 열어두어도 싫지 않았어
그래 한 수 배워볼 요량으로 건너다보니
땅에 부딪는 빗소리가 그러하지 않던가
희나 검으나 딱히 드러내지 않는 속내라도
이 세상 지나가면서
말이라도 되어보자는 심산이려니
주거니 받거니 옥구슬을 가지고 노는 모양새에
나도 거나하게 취해들었어
흰 수염을 단 노인이
집을 내가는 소리가

따악따악, 가는귀를 살피는 그런 날이었지

비단풀

일흔 두 마디로

서른 몇 해를 엎디어 산

생애에 대해서

우리는 말해야 한다

마음이 가난한 이들을 위해

가는 길이 어디인가

더 아프고 외로운 이들을 위해

짊어진 짐의 무게는 무엇인가

바닥에 대고 산 눈이

허공에 뜬 우리의 눈을

내려다보는 그 섬뜩함을

또 보게 될 것이므로

남포추어탕 집

이 사람아,
우리가 주고받을 게 술잔뿐이었는가

이 깊은 산문 안에 들어
추어탕 한 그릇 비우고 가자 하니
비가 내린다 때 지난 저 비가 소매를 붙들어
한 상 조촐한 술상 받고 보니
허허 이생 지나가면서
국물 뜨신 추어탕에 술 한 잔도 못 비우고 가면
무슨 맛이런가 이 술은
내 몸에서 나온 것이나
또한 자네 몸을 살고 나갈 테지
내 술로 채워지는 자네의 잔이나
또 내게 한 순배 돌려주는 그 잔이나
애초부터 둘이 아닌 하나인 것을
술을 알자고 들면이야
사람 속을 열 번은 더 건너 다녀봐야
한 잔 사람 속에 든 푸른 목탁 소리도 들을 수 있겠지

허허 이 사람아,

우리가 주고받을 게 술잔뿐이라면

여기 남포추어탕 집에서

이제는 서로를 그치게 하는 단 술에 어울려보세

전생에서는 술에 취해 살았으나

이생에서는 술을 알고 가도 될, 남포추어탕 집

무화과

모든 열매는 씨앗을 품고 산다

퇴근길, 봉덕리 어디쯤에서 술을 마신다
메모지처럼 반으로 접혀
신청곡을 적고 있는 몇 장의 사내들
어디로 갈 거나 어디로 갈 거나
흘러나오는 음악같이
꽃이 되려다 만 아쉬움을 씹으며
운명에 몸을 싣고 덧없이 갈 건가요
구깃구깃 따라 부르는 사내들
가만히 입안에 남은 씨를 터뜨리면
뼈 씹히는 소리가 나고
소주잔만큼 단단했던 믿음들이
좁은 탁자 위에서 쉽게 엎질러지기도 한다
봄비 속에 조용히 잦아드는
기본 안주로 살아온 날들
흰자위가 노래진 채 접힌 자국 선연한 몸을 끌고
깊숙한 늪으로 덧없이 갈 건가요

세상에서 가장 무거운 꽃을 집어먹는 사내들

때마침 내리는 봄비는 무화과 속처럼 조용하다

사람을 사랑한다는 그 일

뭘 데워도 뜨겁게 달아오를 것 같던
너의 숨결 간직한 채
마저 지는 봄꽃을 보는 사이
빗줄기는 굵어지고 있었다
누군가 등 뒤에서 등짝을 후려치는 듯
매몰찬 빗소리 들으며
잠시 정신을 놓아본 능가산
나 또한 내 온몸으로 휘몰아치고 있었다
사람을 사랑한다는 그 일
참 쓸쓸한 일인 것 같아*
그렇게 단 하루만, 흠뻑 젖어들고자 했다
아무리 크고 짱짱한 우산 받쳐 써도
누구나 조금씩은 젖어서 가는 동행길
이 한세상 정들 것 없어 외로움을 껴안고
집에 돌아갈 여력도 없이 나는
어느 먼 곳을 응시하고 있는 것이냐
나 자꾸 눕고 싶어질 때쯤
뻥 뚫려버린 가슴을 어쩌지 못해

사선으로 비껴드는 저 빗발들
죽어서나 허리를 펼 수 있을 것 같은 청춘이 아팠다
너를 잃은 때문만은 아니라고,
나 격렬히 휘몰아치며
세월 따라 가뭇없이 떨어진 봄꽃 따라
가리라, 모두가 젖어서 가는 쓸쓸한 그 길로

---

*양희은 노래 중에서.

지음(知音)

아가야 우물 안에 뜬 달은 보아도
우물 밖에 뜬 달은 보기 어려운 일이란다
내가 우물 안으로 내려지지 않으면
둥근 하늘에 뜬 둥근 속을 못 보지

그러나 우물 밖에서 안을 보든
우물 안에서 밖을 보든
검은 물속에 잠긴 달을 보기는 매한가지란다
그러니 두레박이 올려질 때와
내려질 때를 잘 보아라

차거나 빈속에서 나는 그 소리가
하늘에서도 똑같이 나고 있단다
두레박이 달을 품었든 내놓았든
물 맑은 소리는 하늘도 한 속이란다

하나로 둥근 마음을 듣는, 그것이 지음(知音)이란다

별점

보리 끝이 노래져

부엉이가 울 때쯤,

구름 끼고

비 오는 시기를 알려주는

어성(魚星)*을 찾아보기 위해

몸을 숙여 고개를 내밀었다,

점치는 늙은 물거북이처럼

---

*어성(魚星): 별자리 이십팔 수 중 여름철에 딸린 별자리.

오후 일곱 시

모두가 지나가는 자의 얼굴을 하고 있다

해설

'더 깊고 짙은 어딘가'에 이르기까지의 도정

이성혁(문학평론가)

김형미 시집 『오동꽃 피기 전』을 읽으면서, 김소월의 시를 생각했다. 김소월은 한국 서정시의 불멸의 전통을 세운 시인이다. 김소월이 이렇게 깊은 서정을 길어 올릴 수 있었던 것은, 그의 시론 「시혼」에서 설파했듯이, 세계와 마음의 그림자(음영)를 읽어낼 수 있었기 때문이다. 그에 따르면, 시는 세계의 그림자에 조응하면서 "작자의 심령상에 무시로 나타나는 음영의 현상이 변환"된다. 이 세계와 '심령'의 음영이 조응하여, 미묘하게 변환되는 현상을 포착하는 작업이 서정시의 시작(詩作)이다.

김소월의 「시혼」은 한국 현대 서정시의 전통을 세우는 시론이라고 해도 큰 이의는 없을 것이다. 김형미 시인의 시편

들을 읽으면서 이 '시혼'의 전통을 생각하게 되었던 것, 시인 그 자신도 이를 의식하고 있지 않을까 생각된다. 시인 자신이 '그림자'의 존재에 대해 예민하게 의식하고 있다는 것은 「동행」이라는 시에 잘 나타나 있다. 그는 이 시에서 "나의 나는/나가 아니라 그림자의 나"라고 말하고 있다. 나의 삶 깊은 곳에 존재하는 것은 내가 아니라 '그림자의 나'라는 것, 이 '그림자의 나'를 드러내는 것이 김형미의 서정시들이다.

김소월은 사랑이 지니는 비극적인 면모를 탁월하게 드러냈다. 사랑과 같이 환희에 찬 감정 뒤에는 슬픔의 운명이 다음 차례를 기다리고 있다. 그리고 사랑의 그림자일 그 슬픔은 인간의 전존재를 견딜 수 없을 만치 뒤흔드는 강도를 가지게 될 것이다. 그래서 서정 시인에게는 이 슬픔이야말로 시의 저수지가 된다. 사랑을 잃은 서정적 주체는 그리움에 사무친다. 만약 그리움의 대상이 「초혼」에서처럼 다시는 붙잡을 수 없게 저 세상으로 가버렸다면 어떻겠는가? 맨손을 들어 허공이라도 붙잡으려고 하지 않겠는가? 그리움과 서러움으로 눈물 흘리며 그 허망한 짓을 반복하지 않겠는가? 그럼에도 불구하고 남은 자의 삶은 계속된다. 이렇게 지속되는 생명의 끈질김은 남은 자에게 부끄러움을 남기겠지만, 그것이 슬픔으로 인해 고통스러운 삶이 계속 지속될 수 있는 힘인 것이다.

삶의 그림자가 죽음이라면, 이 죽음과 삶의 얽힘이 사랑과 슬픔으로 뒤흔들리는 우리네 삶의 안쪽을 형성한다. 김소월 시인이 그러한 삶의 오의(奧義)를 드러내고자 주력했듯이, 김형미 시인 역시 삶 속에 드리워진 그림자를 드러내고자 한다. 특히 격정적인 율동을 형성하면서 전개되는 아래의 시는 짙은 서정으로 독자의 마음을 적신다.

초여름 저녁, 등꽃 향기 밀려온다

아아, 배고픈 욕정이여

퇴근길이면 술집으로 향한다 안주도 없이
술로 채워지는 위를 생각하기엔 나는 아직 젊다
이미 오래전부터 칫솔질을 할 때마다 구토가 일었으나
따지고 보면 고통이 나를 치유하고 있다
묵직하게 젖어오는 아랫도리
아릿한 아픔으로 부풀어 오르는 유두
담배 한 대로 삭히기엔 무척 오랫동안 굴풋했다
빈방에 누워 자위를 즐기는 일만큼 가슴 허한 일 또 있으랴
이불이 마른 땀으로 축축해질 때쯤
세계가 내 안에서 밑동째 뽑혀져 나가는 두려움
그러나 두려움을 이기는 것이 욕정이라면
내 그리움은 절망인가

절망인가, 술집의 객들은 서서히 비워지고
출구 쪽으로부터 등꽃 향기 밀려와 다시 자리를 채운다
사아랑은 나의 행복 사아랑은 나의 운명
천박하지 않을 만큼만 젓가락 장단 맞추는 등꽃 향기
발끝이 박자를 놓치지 않으려고 애쓰는 동안
나는 빈 잔을 채운다 결국
세상의 낭떠러지는 매일같이 마주 대하는 술잔 속일지도
살고 싶은 욕망으로 끝내 귀가하고 마는,

잔인한 초여름 저녁
등꽃 향기에 젖어 젖어

—「등꽃」 전문

한 편의 노래같이 느껴지는 시다. 감정의 흐름이 강물처럼 율동을 형성하기 때문일 것이다. 실연을 노래하는 작업은 자칫 감상으로 빠질 위험이 있는데, 위의 시는 그리움과 외로움의 절절함이 구체적인 상황 제시를 통해 솔직하고 과감하게 드러나면서 감정의 부피를 가질 수 있었기에 감상적이라고 치부할 수 없는 시가 되었다.

사랑을 잃어버리고 채워지지 않는 '욕정'을 시에 서정적으로 드러내기란 쉬운 일이 아니다. 위의 시는 '욕정'의 서정화에 성공한다. 애인을 잃은 사람들이 가지게 되는 "오랫동안 굴풋"한 욕정은 겉으로 드러낼 수 없는 그림자를 내면에 형성한다. "배고픈 욕정"의 그림자는 신체적인 변화 즉 "젖어오는 아랫도리", "부풀어 오르는 유두"를 가져오는데, "빈방에 누워 자위를" 하게 만드는 이러한 변화는 그의 마음을 한없이 "가슴 허"하게 만든다. 그 바닥 없는 허전함은 "세계가 내 안에서 밑동째 뽑혀져 나가는 두려움"을 느끼게 만드는데, 이렇게 욕정의 '굴핏함'으로 인해 마주하게 되는 실존적 공허로 인해 위의 시는 독자로 하여금 깊은 감정을 불러일으키게 하는 것이다.

시인은 매일같이 퇴근할 때마다 들리는 술집에서 "마주 대하는 술잔"을 통해 "세상의 낭떠러지"를 감지케 하는 두려운 실존적 공허를 가슴 아프게 확인할 수밖에 어쩔 수가 없다. 그렇기에 욕정의 허기를 불러일으키는 '등꽃 향기'가 밀려오는 '초여름 저녁'은 시인에게 잔인한 시간이다.

위의 시는 아픈 실연의 감정을 깊이 파고들어가 나의 짙은 그림자를 드러내는 시작(詩作)에 성공하고 있다. 이러한 시작이 김소월의 '노래-시'에서처럼 감상과 실존의 그림자 사이에서 균형을 잡는 데 성공했을 때, 그 '노래-시'는 사랑하고 사랑을 잃고 하면서 사는 사람들인 우리들에게 묵직하게 젖어 들어오는 울림의 매력을 가질 수 있게 된다.

양희은의 노래 가사에서 제목을 잡은 「사람을 사랑한다는 그 일」 역시 노래가 주곤 하는 가슴 울림을 느끼게 한다. 이 시의 마지막 부분인 “너를 잃은 때문만은 아니라고/나 격렬히 휘몰아치며/세월 따라 가뭇없이 떨어진 봄꽃 따라/가리라, 모두가 젖어서 가는 쓸쓸한 그 길로”와 같은 구절들을 읽을 때, 우리는 실연의 아픔을 넘어 실존적인 아픔까지 느끼게 된다. 그러한 실존적 아픔을 감지하게 되는 것은 이 시의 앞부분에서 시인이 “마저 지는 봄꽃을 보는 사이” “매몰찬 빗소리 들으며” “나 또한 온몸으로 휘몰아치고 있었다”고 말했기 때문이다. 지는 ‘봄꽃’과 휘몰아치는 ‘온몸’의 조응이 우리네 삶에 내재하는 운명적인 비극성을 선명하게 이미지화하고 있는 것이다. 실연으로 인한 지독한 쓸쓸함과 외로움은 지는 봄꽃의 이미지가 보여주는 죽음과 맞닿는다. 실연이 실존적인 비극성을 띠게 되는 것은 여기에서다. 이 실연과 죽음의 삼투를 이미지화하는 것, 이 또한 김형미 시인의 시가 보여주는 미학이다.

살아 있기 때문에
밤마다 통증은 찾아온다

아흐, 몹쓸 사랑이여

그대가 나를 버린 것보다
내가 나를 잃은 슬픔이

이 세계 끝 마지막 집에 저녁내 불을 켜두어
한 생의 낯이 더 캄캄하니 야위어가는 밤
그대의 널찍한 등만큼이나
살다 보면 두 팔로 다 안을 수 없는 것이 있다
자귀화 만발한 이 밤도 그러하지만
이 밤의 어둡고 긴 골목길 끝
동그랗게 내버려진 내 사랑 또한 그렇게 외롭다
죽음에 이르는 병이라 했던가
때로 일정한 거리가 그리움을 유지하는 것,
처럼 세월 속에 같은 간격으로 서 있는
이 지독한 외로움 제 목숨을 끊듯
끝내 자귀나무 가지 하나를 끊어놓아
가슴 텅텅 울리도록 나는 속병이 들었지만

내 병은 내가 안다
아흐, 몹쓸 사람이여

—「자귀화 필 때」 전문

사랑을 잃은 사람은 안다. 살아 있음은 지옥의 시간을 견디는 일이라는 것을. "살아 있기 때문에/밤마다 통증은 찾아"오기에, 살아 있다는 것 자체가 고통인 것이다. 사랑을 잃은 사람은 이러한 고통 속에서 "내가 나를 잃"는 데까지 이른다. 속병이 든 마음의 지극한 고통을 시인은 "죽음에 이르는 병"이라고 칭하고는, "한 생의 낮이 더 캄캄하니 야위어가는 밤"이라는 이미지로 객관화한다. 이러한 객관화가 시를 감정의 늪으로 빠뜨리지 않는다. "어둡고 긴 골목길 끝/동그랗게 내버려진 내 사랑" 또한 실연 이후 외로움을 이미지화한 것이다. "이 지독한 외로움"으로 인한 가슴 통증은 죽음에의 충동을 낳을 터, 그래서 삶의 고통은 죽음을 삶에 스며들게 만든다. 이 죽음에의 충동은 "제 목숨을 끊듯/끝내 자귀나무 가지 하나를 끊어놓"는 대체 행위로 상징화된다. 상징화된 대체 행위가 삶이 정말로 죽음으로 떨어지는 것을 막을 것이다.

이러한 시적 객관화를 통해, 시인은 '지독한' 감정으로부터 "일정한 거리"를 가질 수 있게 된다. 다시 말해서 시인의 고통과 죽음에 대한 이미지화 작업은, 시인으로 하여금 그러한 감정과 상태를 계속 '유지'하면서도 그로부터 조금씩 거리를 가질 수 있도록 해주는 것이다. 이러한 '유지'와 '거리'의 긴장은 나아가 시인에게 고통으로부터 치유되는 길을 열어줄 수도 있을 것이다. 치유는 고통을 외면한다고 가능한 것이 아니라 그것을 치열하게 앓았을 때 비로소 가능하다. 시는 그 치유를 위한 앓기로 시인과 독자를 이끌 수 있다. 시는 마음의 고통을 극한으로까지 밀고 나가 표현하는 동시에 객관화–이미지화하기 때문이다.

객관화를 통한 거리두기는, 지금은 잃어버린 사랑을 '회고'하고 재사유하는 과정을 통해 이루어지기도 한다. 가령

「겨울, 여덟 시발 기차 1」에서 "가슴 따뜻한 내 오래비가 되어줄게, 주책없이 줄창 치근대는 겨울/내 사랑 또한 저렇듯/뼈도 여물지 않은 불량스런 건들거림이었던가"라고 시인이 말할 때, 아직 미련이 남은 옛사랑에 대해 회상의 어투를 사용하여 거리두기를 시도하고 있다고 말할 수 있다. 「겨울, 여덟시발 기차 2」에서도 시인은 자신이 겪었던 사랑의 삶에 대해 시간적인 거리를 두면서 판단한다. 그는 이 시에서 자신이 "곧 허물어질 것들만 미치도록 사랑했음을" 깨달으면서, "세상에는 체온을 나눠가져도 따뜻해지지 않는 것이 있었"다는 것과 "내가 철저하게 외면했던 것들과/나는 얼마나 끔찍이도 닮아 있었는지를" 재인식한다.

이렇게 시간의 거리두기를 통해 실패한 사랑을 재인식함으로써 시인은 세계와 삶에 대한 재인식으로 나아가게 되며, 과거의 연인을 향한 그리움과 지독한 외로움의 시간에서 자신이 서 있는 현재의 시공간에 대해 인식할 수 있게 된다.

안개가 자욱한 길을

몇 번이고 헤매다 돌아왔다

너를 두고 돌아서는 마음이

내심 발밑에서 바스락거려

홀린 듯 이 세상에 없는 시간을 견디다 돌아왔다

너의 손가락은 약간씩 굽어 있었고

등은 작은 공간을 안고 있었지만

너를 가슴 뒤로 내려놓는 일이

아무래도 가늠이 안 되어

안개 자욱한 길에다 혼을 다아 빼주고

휘청휘청 빈 몸뚱이만 귀(鬼)가 되어 왔던 것이다

—「십일월」 전문

비록 빈 몸뚱이의 귀신이 되어버렸긴 하지만, 위의 시에서 시인은 "이 세상에 없는 시간을 견디다 돌아"와 있다. 즉 그 홀렸던 시간은 과거의 시간이 된 것, 그는 휘청거리고 있긴 하지만 현재 시간에 서 있다. 그가 "몇 번이고 헤매"던 시간은 이제 지나갔다. 어떻게 현재의 시간으로 돌아올 수 있었는가? "너를 가슴 뒤로 내려놓는 일이/아무래도 가늠이 안

되"었는 데도 말이다. '너'를 도저히 마음에서 버릴 수는 없다. 그렇기에 혼을 다 빼어버림으로써, 마음 자체를 비움으로써 겨우 이 세상의 시간으로 귀환할 수 있었던 것이다.

시인은 위의 시에서도 그러한 귀환 과정을 회상의 관점으로 서술함으로써, 객관적 거리를 확보한다. 그리고 이 거리를 통해 '너'를 잃어버린 자신을 재인식하는 과정에 들어설 수 있기 시작한다. 이러한 재인식은 삶과 죽음에 대한 형이상학적인 사유 속에서 자신의 삶을 인식하는 데로 나아간다. 실연으로 인한 지독한 외로움은 태초부터 계속되어 온 우주의 생성과 소멸 과정과 겹쳐지는데, "아득한 전생에서부터" 이어져온 것이라는 인식이 그것이다.

> 선운사 절문 앞에 늦도록 앉아 있었네
> 꽃들은 모두 한 곳을 바라다보고 있었네
> 죽음이 이미 와 있는 방문 앞보다
> 더 깊고 짙은 어딘가를 향하고 있는 꽃들
> 동백을 홀로 바라본다는 일은,
> 큰 산 하나 허물어져 내릴 만큼 고독한 일
> 어쩌면 기억도 아득한 전생에서부터
> 늑골 웅숭깊도록 나는 외로웠네
> 꽃핀 숲보다 숲 그늘이 더 커 외로웠네
> 하여 봄볕에 흰 낯을 그을리며 나는

선운사 절문 앞에 한 오백 년 죽은 듯이 앉아
동백이 피고 지는 소리를 다 듣고 말았네
큰일 치른 뒤의 동백숲이
어떻게 마음을 정리하는지를 다 알고 말았네
이제 붉은 피가 돌았던 내 청춘은
이끼 낀 돌담 속에나 묻어둘 테지만
고난이 더할수록 가슴은 설레어
선운사 동백숲에 작은 위안이 지나가네

—「선운사 동백숲」 전문

지금 선운사 절문 앞에 있는 동백꽃들은 곧 목을 떨어뜨리기 직전인 듯하다. 그 꽃들은 죽음이 곧 자신들에게 닥칠 것을 알고 있는 듯이, "모두 한 곳", 즉 "죽음이 이미 와 있는 방문"을 바라보고 있다. 하지만 시인은 "늦도록 앉아" 꽃들을 관찰하면서, 이 꽃들이 죽음만을 바라보고 있지 않다는 것을 알아챘다. 그 꽃들은 "더 깊고 짙은 어딘가를 향하고 있는" 것이었음을 말이다. 그 '어딘가'가 어디인지는 시에 드러나 있지 않다. 원래 그 '어딘가'는 정확히 어딘지 말할 수 없는 어떤 곳일 테다. 그곳은 존재의 그림자 영역 깊숙한 곳에 존재하는 장소일 테니 말이다. 그런데 죽음 앞에서, 죽음 너머 어딘가를 고독하게 응시하는 꽃들과 시인이 동일시되기 시작한다. "큰 산 하나 허물어져 내릴 만큼 고독한 일"인 "동백을 홀로 바라본다는 일은" 시인 역시 동백과 함께 죽음 너머 어딘가를 응시하는 일이기도 하는 것이다.

하여, 자신의 외로움이 "기억도 아득한 전생에서부터" 비롯되었다는, 한 생명의 죽음 너머의 우주적 시간으로 시인의 시간 감각은 확장되기 시작한다. 이러한 시간 감각의 확장은 "선운사 절문 앞에 한 오백 년 죽은 듯이 앉아/동백이 다 피고 지는 소리를 다 듣고 말았"으며, 동백이 다 떨어진 동백숲이 "어떻게 마음을 정리하는지를 다 알고 말았"다는 환상적인 각성을 가능하게 한다. 오백 년 시간이 죽음처럼 적막한 한나절의 시간에 응축되어, 삶과 죽음의 숱한 과정들과 그 사랑과 고통의 마음을 어떻게 정리하는지를 다 꿰뚫어보게 된 각성. 그리고 그렇게 아픈 마음을 정리할 줄 아는 동백숲으로부터 사랑을 잃어버린 시인은 "작은 위안"을 얻게 될 것이며, 이러한 위안으로부터 "고난이 더할수록 가슴은 설레"하는, 삶을 대하는 태도의 전환이 이루어질 것이다.

시인의 삶에 대한 태도의 전환은 삶과 죽음의 형이상학적인 인식을 지렛대 삼아 어떻게든 고통스러운 과거에 속박된 삶으로부터 벗어나고자 하는 의지에서도 나타난다. 가령, "푸른 속내 깊고 깊은 속에서/아예 나오지나 말아버리자고/동박새 붉은 배 밑만 쳐다보며/내 발자국 속을 나가려 했지요"(「동백」)와 같은 의욕의 표명이 그것이다. "푸른 속내 깊고 깊은 속"이란, 시인이 동백을 응시하면서 인지하게 된 죽음 너머 어딘가를 의미할 것이다. 그 깊숙한 곳에 들어가 나오지 않으려는 욕망은 지독한 외로움을 앓고 있는 나 자신으로부터 초월하고자 하는 욕망에서 비롯된다. 즉 그것은 고독에 속박된 나 자신의 현재에서 다른 삶(비록 역시 은둔의 삶이긴 하지만)으로 나가고자 하는 욕망인 것이다. 이는 「포플러 나무」에서 시인이 "다아 비워보기로 했다/곁에서 소란스러웠던 잎들을/조용히 네 곁에 묻어두고/보이지 않는 세계로 들어가기로 했다"는, 다 비우고 어떤 다른 세계로 들어가고자 하는 의지와 상통한다.

시인이 들어가고자 하는 '보이지 않는 세계', 그것은 모든 보이는 것들(잎들)을 묻어둔 세계, 나아가 죽음 너머 그림자 내부 깊은 곳에 있는 세계일 것이다. 그래서 이 세계로 들어가겠다는 의지는 죽음 충동이라고만 말할 수는 없게 된다. 그것은 삶의 의지, 경험하고자 하는 의지를 보여주고 있기 때문이다. 그림자의 깊은 곳, 죽음 너머의 세계는 미지의 세계일 터, 미지의 세계에서 거주하고자 하는 것은 아직 경험하지 못한 세계를 경험하고 살아가고자 하는 것이기도 하다. 그렇기에 그 의지는 삶의 의지라고도 말할 수 있는 것이다. 「포플러 나무」의 마지막 부분에서 "그것은 너를 더 크게 살리기 위한/지극한 행방이므로/저어 먼 곳으로 가지를 두려 하는 것이다"라고 시인이 쓰는 것은 그 때문이다. 김형미 시에서 '가지'는 어떤 지향 속에서 지속되는 삶의 상징이다. 그래서 "저어 먼 곳으로 가지를 두려" 한다는 것은 삶의 지향을 "저어 먼 곳"에 둔다는 의미라고 해독될 수 있다. 목이 떨어지기 직전의 동백꽃들이 응시했던 "더 깊고 짙은 어딘가"와 상통할 "저어 먼 곳"에 시인이 접근했을 때, 시인은 무엇을 알게 되었는가? 놀랍게도 '사람들'이다.

> 몇백 년 된 은행나무가
> 봄을 기다리고 있는 성황산 새로 난 산책길
> 고목 같은 살갗을 뚫고 새순 내밀게 될
> 늙어 순한 아기가 되어버린 마음을 보게도 되었단다
> 온몸으로 다가간 사람 하나 없이
> 지금껏 헛살았던 길 되짚으며
> 산바람 숨 깊이 들여 산이 주는 고요를 들었을 때
> 아가야 나의 가지 길이 비로소
> 사람 속으로 짱짱하게 뻗어나는 걸 알았단다
> 아무도 살지 않을 것 같은 가시 많은 덤불 속에도
> 아주 작은 새들이 살고 있는 모양을
> 호주머니 속에 넣어와 가만 열어보기도 했단다
> 그때서야 주린 정월을 채우고 간
> 청설모가 오르내린 나뭇가지마다
> 내가 살아야 할 길이 보이더구나
>
> —「청설모」 부분

이 시의 화자는 어머니, 화자의 말을 듣는 대상은 화자의 아이로 보인다. 화자는 "나의 가지 길"을 찾게 된 과정을 아이에게 말해주고 있다. 이 시에 등장하는 시어인 '가지' 역시 「포플러 나무」에서와 유사한 상징적인 의미를 가지고 있을 것이다. 그 가지가 가리키는 길은 "사람 속으로 짱짱하게 뻗어나는 길"로, 이 길을 발견함으로써 화자는 드디어 더 이상 휘청거리지 않게 되었으며, "내가 살아야 할 길"을 똑바로 걸어갈 수 있었다고 말하고 있다. 즉 저 죽음 너머 "저어 먼 곳", "더 깊고 짙은 어딘가"인 그림자 속의 "보이지 않는 세계"는 놀랍게도 사람들의 세계였던 것, 사람들의 세계는 바로 옆에 있으면서도 보이지 않았던 세계였던 것이다. 이 세계를 인식함으로써 시인은 삶과 죽음에 대한 형이상학적 인식으로부터 구체적인 삶의 세계에 대한 인식으로 전환하여 나아갈 수 있게 된다.

이러한 인식 전환이 어떻게 이루어질 수 있었는지는 명확히 알기 힘들다. 그러나 저 "깊고 짙은 어딘가"이기도 할 산속 깊숙한 곳으로 들어가면서, 시인이 '새순'의 마음을 보고 "산이 주는 고요"를 들음으로써 그러한 전환이 이루어졌음을 위의 시를 통해 짐작할 수 있다. 화자는 죽음 너머 저 깊은 곳에서는 새로운 생명이 고요히 "고목 같은 살갗을 뚫고" 조금씩 솟아나고 있었다는 것을 알게 되었던 것, 이때 죽음 주위를 맴돌았던 휘청거리는 '지금껏' 삶이란 "헛살았던 길"임을 깨달으면서 사람들의 생생한 삶의 장(場)이 자신이 갈 길이라는 것이 계시처럼 보이기 시작했던 것이다. 하여, 비로소 화자는 산속 여기저기마다 뭇 생명들이 자신들에게 주어진 삶을 열심히 살아왔다는 것을 알게 된다. "가시 많은 덤불 속에도" "아주 작은 새들이 살고 있"으며, "나뭇가지에도" "주린 정월을 채우고 간/청설모가 오르내"리고 있었다는 것, 그렇게 "더 깊고 짙은 어딘가"는 비의적인 공간이 아니라 바로 생명들이 자신의 삶을 살아가고 있는 화자 주변의 여기저기였던 것이다.

또한 화자가 일상을 살아가고 있는 현장 주변의 여기저기도 바로 그러한 장소라고 할 터, 그 장소가 바로 "사람 속으로 짱짱하게 뻗어나는" "내가 살아야 할 길"임을 시인은 인식하게 된다. 그런데 시인이 나아가고자 하는, 사람들이 있을 그 장소는 도시 중심의 대로와 같은 곳이 아니다. "먼지가 쌓이는 곳"(「구석」)인 '구석'과 같은 장소다. "그저 고요히 작은 먼지들이 내려앉아/저들의 나라를 따스하게 품는" '구석'. 먼지란 생활을 유지하기 위해 분주한 서민들의 삶이 만들어내는 삶의 부스러기와 같은 것, 이른바 '금수저'들은 삶의 먼지를 만들어내지 못한다. 그렇다면 '구석'은 사회의 주변부에서 청설모나 작은 새들처럼 힘이 없으나 악착같이 살아가는 사람들의 삶의 현장이라고 말할 수 있으리라.

이 먼지는 「밤 눈」에서는 '눈'으로 치환되어 등장하는 것으로 보인다. 그 시에서 눈은 "빈 곳을 찾아 들어가 내려앉"고 있는 것이다. 이때의 '눈'은 추운 겨울을 살아야 하는 사람들을 따스하게 안아주는 포근한 이미지로 나타난다. "사람도 마음에 얹히면/밤새 송이눈으로 내리"는 그 눈은, "가슴 치는 소리"인 "찬바람 소리"에 추워하는 사람의 마음을 덮어주고 있는 것으로 보이니 말이다. 이를 보면 텅 비어서 휑한 시인의 추운 마음을 찾아서 내려앉아 주는 저 '밤 눈'은 시인이 비로소 찾은 장소에서 살아가고 있는 사람들의 마음이기도 할 것 같다. 저 눈이야말로 영혼을 버리고 귀신이 되어 지독한 외로움과 고독을 견뎌야 했던 시인을 맞이하고 안아주는 존재자들이기 때문이다. 그 '눈송이-사람들'은 "정성으로 쌓아 올린 돌탑 속에/스스로 들어가 누워 있는 동안/나를 돌며 탑돌이를"(「목련」) 해주었던 이들이었을 것이다. 그리하여 이제 시인은 이렇게 말할 수 있게 된다.

사람아, 외로워 마라

산이 외롭다고 하는 것 봤더냐

산은 하루 종일 있어도
제 그림자를 밟지 않고
달은 제 빛으로 세상을 안는다

혼자 있는 것들은 모두 저를 보게 한다
방안에 켜둔 촛불이 그렇고
거문고 소리가 그렇다
절집 서까래 밑을 따라 도는
나방이 또 그렇다 장독대 위로 휘늘어진
저 매화나무 향기는 남고 꽃잎은 졌다
아무도 찾아와주지 않는 가운데 그리 되었다
마음은 허공과 같아서
붙잡으려 하면 높거나 낮아지고
해와 달은 지나간 자국이 없다
사람아, 외로워 마라
맑은 낯을 한 사람을 만나면
그 기운이 하루를 살게 하고
좋은 낯을 한 산을 대하면
그 기운이 대를 이어 터를 다져주는 법
삼천대천세계에 달팽이집이 너무 많아서
지금 우리는 외로운 것이다

어디 멀리 외딴섬은 이 내 마음을 알리

—「혼자 있는 것들」 전문

이제 시인은 돌탑처럼 홀로 외로이 살아가는 사람들에게 외로워 말라고 말할 수 있게 된 다. 홀로 있다고 해서 홀로 있는 것이 아니라는 것, 비록 "지나간 자국"을 남기지 않는 해와 달이지만, 해와 달은 홀로 있는 당신과 함께 있었다는 것, 그리고 알게 모르게 "맑은 낯을 한 사람을 만나면/그 기운이 하루를 살게 하고" 있었다는 것을 시인은 우리들에게 설파한다. 나아가 시인은 "좋은 낯을 한 산을 대하면/그 기운이 대를 이어 터를 다져"준다는 우주적인 인식에로까지 나간다. 이 세계, 불교의 우주론에서 말하는 '삼천대천세계'의 모든 존재자들은 서로 기운을 주고받으면서 가늠할 수 없이 엄청난 시간 동안 생명을 계속 이어나간다. 시인에 따르면, 다만 우리가 외로운 것은, 한편으로 우리가 '달팽이집'에 거주하기 때문이다. "달팽이집이 너무 많아서/지금 우리는" 외로워한다는 것이다. 그래서 시인은 외로움을 쉽게 벗어던질 수 있다고는 말하지 않는다. 우리 중 대다수는 달팽이집에 거주하고 있기 때문이다.

시인에 따르면, "혼자 있는 것들은 모두 저를 보게 한다"고 한다. "방안에 켜둔 촛불", "거문고 소리", 꽃이 져버려 홀로 남은 "매화나무 향기"도 "어디 멀리 외딴섬"처럼 자기 자신을 보면서 존재한다. 하지만 홀로 있는 실체는 없다. 그래서 자기 자신을 보고 붙잡으려는 "혼자 있는 것들은", 붙잡으려고 해도 붙잡아지지 않는 허공 같은 마음으로 살고 있는 것이다. 하지만 "해와 달"이 "지나간 자국"처럼 보이지는 않지만, 세계의 존재자들이 함께 존재하고 있다는 것을 알게 될 때,

자신이 외로운 존재가 아님을 인식할 수 있으리라는 것이 시인의 '마음'이다. 그리하여 시인은, 「내가 그린 그림」에서 자신이 그린 그림은 "처음부터 그리려고 해서 그린 게 아니"지만 "손 따라 바람 따라 가다 보니" 해와 달, 별과 꽃이 되고 "그 꽃 속에서 사람이 나왔다"고 말한다. 마음을 자유롭게 하고 그림을 그리면, 어느새 자신과 함께 살고 있었던 저 존재자들이 그려지는 것이다.

그런데 시인은 「내가 그린 그림」의 말미에서, 맨 나중에 나온 '사람'이 원래는 그림 그리는 마음의 처음에 있었다고, 즉 "내가 그린 그림은/처음부터 순하게 웃는 사람이 있었다"고 말하고 있다. 이 사람 그리기가 현재 이 시인의 시작(詩作) 방향이 아닐는지? 이 시집의 표제작인 「오동꽃 피기 전」은 타인에 대한 관찰을 보여주고 있는데, 이는 이 시집의 주조와는 사뭇 다른 모습이다. 하지만 주조에서 벗어난 시라고 하더라도, 이 시를 표제작으로 삼은 것은 타인을 그리고 있는 이 시가 김형미 시인의 미래의 시작 방향을 암시하기 때문 아닐까?

하지만 「오동꽃 피기 전」에서 관찰되는 대상의 모습은 '순하게 웃는 사람'의 그것은 아니다. 이 시는 화자가 파고다 공원에서 본 한 연인을 묘사하고 있다. 이 연인은 서로 헤어지게 되었는지, "여자는 오동잎 같은 발자국을 남긴 채/먼저 돌아서서 가고/남자는 제 몸만큼 앙상한 벤치에 앉아 담배를 피"우고 있다. 이 모습에 대해 시인은 "곧 죽을 것처럼 걸어가는 저 여자/뒤에 겨울 파고다 공원을 통째로/가슴에 집어넣은 남자가 댕그러니 남아 있다"고 다시 시화(詩化)하고는, 시의 후반부에서 다음과 같이 말하고 있다.

> 우리들 가슴은 뜨겁다고 리어카는 노래하지만
> 술을 먹고, 섹스를 마시고, 시를 토악질해도
> 세상 모든 연인들은 집에 돌아가서
> 이불을 머리끝까지 뒤집어쓴 채 찬 겨울바람 소리를 들으리라
> 그럼에도 여자들이 남자들보다 외로움을 덜 타는 건,
> 죽어서도 심장이 뛰는 소리 들으며 묻힐 수 있는
> 두 개의 젖가슴이 있기 때문이다
> 오동꽃 피기 전, 그렇게 한 연인이 서둘러 어두워졌다

저 헤어진 연인들은 아픈 마음을 움켜쥐면서 마음속으로 울고 있을 것이다. 예전의 시인이 그랬던 것처럼. 하지만 시인 역시 그랬듯이, 저들도 집에 돌아갈 수밖에 없으며, "이불을 머리끝까지 뒤집어쓴 채 찬 겨울바람 소리를 들"을 수밖에 없으리라고 시인은 추측한다. 여기서 시인은 자신의 경험에 비추어 저 헤어진 연인들을 바라보고 있다. "오동꽃 피기 전"에 헤어진 연인. '오동꽃'은 사랑의 완성을 상징하리라(오

동나무는 혼수로 마련하는 장롱의 재료로 쓰인다고 한다). 오동나무의 키는 15미터쯤 될 만큼 크다. 오동꽃이 사랑의 완성을 상징한다면, 그만큼 사랑의 완성은 높은 곳에 있다는 의미일 수도 있겠다. 그런데 시인은 이 오동나무 위의 위치에서 저 연인들을 관찰하고 있는 듯하다. 그는 저 "오동꽃 피기 전"의 "서둘러 어두워졌"던 경험을 이미 해봤기 때문이리라. 그리고 그 겨울바람 소리를 들으며 이불을 뒤집어쓰고 울어야 했던 실연의 고통으로부터 이젠 벗어나 있기 때문이리라.

시의 말미에서 시인은 "여자들이 남자들보다 외로움을 덜" 탈 수 있다고 말하고 있는데, 그 말은, 인용부분 바깥에 있는 구절을 빌면, "폐가 다 썩어문드러질 때까지" 외로워 담배를 피우는 남자들에 대한 연민을 보여주면서도 여성에 대한 자긍심 역시 보여준다. 여성이 덜 외로울 수 있는 건 "두 개의 젖가슴이 있기 때문"이라고 말하는 것을 보면 그렇다. 이 젖가슴은 남성보다 더 생명력 강한 심장을 여성이 가지고 있음을 의미한다. 그 '젖가슴'은 아기를 먹여 살릴 가슴이기 때문이다.

여기까지 이 시집에 실려 있는 김형미 시인의 시세계를 정리해보니, 이 시집은 실연으로 인한 지독한 외로움을 딛고 시적 촉수를 세계로 향하게 된 시인의 성장기를 보여주고 있는 것 같다. 이러한 성장기는, 글의 초반에서 이 시집의 시세계와 비교한 김소월의 시세계에서는 명확히 드러나지 않은 것이었다. 하지만 김소월 역시 삶의 막바지에 노동시를 쓰면서 시세계의 전환을 꾀했다. 그러나 그 전환은 그의 자살로 인해 풍성한 성과를 내지 못하고 끝났다. 김형미 시인은 현재, 사람들이 살고 있는 삶의 현장으로 들어가면서 김소월의 '사랑–실연'과 '삶–죽음'의 운명적인 비애의 세계로부터 벗어나고 있는 것으로 보인다. 그래서 저 표제작에서도 볼 수 있듯이, 그는 자신의 삶뿐만 아니라 자신이 함께 살아가고 있는 세계에서 그 자신이 겪었던 고통을 살아가고 있는 이들을 그려낼 수 있었던 것이다.

시집 뒤표지 글에서도 시인은 "인연에 대해서 생각한다"고 말하고 있지 아니한가. 그는 그 글에서, 사람뿐만 아니라 그와 함께하는 모든 존재자들–거미에서부터 지금 쥐고 있는 연필 한 자루, 그리고 시와 자신의 몸뚱이까지–과의 인연에 대해 생각하고 있다. 그렇게 그의 삶을 알게 모르게 형성하고 있는 존재자들과의 인연이 맺어지는 세계가 죽음을 넘어저 "더 깊고 짙은 어딘가"라고 말할 수 있으리라. 또한 하나의 삶과 죽음을 넘어서 있는 인연의 우주적 시간이야말로 전생으로부터 이어져온, "이 세상에 없는 시간"이기도 하다.

김형미 시인은 현재의 자신의 시작(詩作)에 대해 이렇게 스스로 규정하고자 하는 것 같다. "날아와 유리창에 머리를 부딪고 죽을지언정" "결코 뒤돌아보는 법이 없"(「새」)는 새처럼, 저 세계의 존재자들과의 인연으로 얽혀 있는 "아득한 곳"

을 향해 "지금 나는 달린다 내달리고 있다"(「옛살라비」)고. 이 내달림의 과정에서, 그는 앞으로 또 다른 시세계를 보여주게 될 것이다.

이 도서의 국립중앙도서관 출판시도서목록(CIP)은 서지정보유통지원시스템 홈페이지(http://seoji.nl.go.kr)와 국가자료공동목록시스템(http://www.nl.go.kr/kolisnet)에서 이용하실 수 있습니다.(CIP제어번호: CIP2016011699)

시인동네 시인선 054

오동꽃 피기 전

ⓒ김형미

초판 1쇄 인쇄 2016년 5월 13일
초판 1쇄 발행 2016년 5월 20일
지은이 김형미
펴낸이 고영
책임편집 류미야
디자인 헤이존
펴낸곳 문학의전당
출판등록 제311-2012-000043호
주소 서울시 은평구 연서로11길 7-5 401호
편집실 서울시 마포구 마포대로 127, 413호(공덕동, 풍림VIP빌딩)
전화 02-852-1977
팩스 02-852-1978
블로그 http://blog.naver.com/mhjd2003
전자우편 sbpoem@naver.com

ISBN 979-11-5896-256-2 03810

* 이 책은 전라북도와 한국문화예술위원회, 전라북도문화관광재단 지역협력형사업으로 지원받아 제작되었습니다.

전라북도 문화관광재단